MBaye Sene

Elégies paysannes

MBaye Sene

Elégies paysannes

Poésie

Éditions Muse

Imprint

Cover image: www.ingimage.com

Publisher:
Éditions Muse
is a trademark of
International Book Market Service Ltd., member of OmniScriptum Publishing Group
17 Meldrum Street, Beau Bassin 71504, Mauritius
Printed at: see last page
ISBN: 978-620-2-29718-9

MBaye SENE

Elégies paysannes

Poésie

Je dédie ce recueil

- A Yandé Ngom, ma mère, qui m'écoute dans sa nuit…

- A Aïssatou Diouf avec qui l'Amitié dans ses grandeurs est venue anoblir notre amour dans les épreuves

- A mes chers enfants pour qui « le bonheur se trouve dans la conscience d'être heureux »

- Aux enfants de cette terre du Sine, singulièrement de Farare, qui m'a vu naître et grandir.

- Pensées pieuses à Sam-Mack Sène, mon père, à Sœur Marie-Gisèle FAROU, à Léopold Sédar-Senghor, au jeune Paul Ndour.

- A mes Maîtres et Professeurs de Ndiébel au Collège du Sine de Fatick

- Au Général Papa Mbacké FAYE, un ami

- A mon ami, neveu et oncle, Daouda Ngom-Jean François

- A tous mes amis qui meublent mes pensées

- Plus particulièrement, mes remerciements sincères et chaleureux à mon frère et ami, Monsieur Aliou Faye. Pour TOUT.

Préface

Lorsqu'après avoir fini de rendre à la Muse – et aux lecteurs-auditeurs – l'objet de ses tourments intimes et souvent de ses insomnies, le poète vous en confie la clef pour, sous forme de préface, en être « l'ouvreur », il vous marque plus que de l'amitié ; il vous prend pour lui-même ; un peu pour son double. En tout cas, il vous embarque dans son aventure, car c'en est bien une, pesant de responsabilité sans doute, mais pour ma part, singulièrement valorisant et touchant à la fois, émouvant et purifiant, comme l'eau des ablutions.

Ce qui me lie à Mbaye Sène est aussi fort que les racines qui ont nourri notre vie, plongée dans les profondeurs de la terre des Anciens et soumise à nos actions nécessaires, non seulement pour la survie, mais encore pour l'amélioration du legs à nous laissé par les Mères et Pères. C'est à dessein que j'ai d'abord nommé les Mères, fondatrices de lignées familiales et supports très respectés du régime matrilinéaire.

Sans doute cela transparait-il dans les *Elégies paysannes*, qui sont comme une réplique tropicalisée des *Bucoliques* et des *Géorgiques* de l'immense poète romain, Virgile. De ces poèmes de l'auteur de L'*Enéide*, Mbaye SENE, Poète du Sine, partage l'attachement à la terre paysanne, à la vie agricole et pastorale.

Mais j'ai dit « amélioration du legs », car bien que lavé à l'eau des « marigots et puits du Sine », SENE n'en est pas moins un observateur attentif à son monde, celui pugnace de la vie de tous les jours, celui de la citoyenneté agissante.

En somme, je me plais à lire les vers de Mbaye qui a tardé à les publier et à les partager avec le public de lecteurs qui, assurément, saura y prendre plaisir et en redemander…

Professeur Abdoulaye Racine SENGHOR

La ballade de la balade

(Une nuit avec L. S. SENGHOR)

Mon enfant, allons en balade pour rimer
Pour faire la ballade ensemble dans le champ
Guide ton cheval, le semoir en chantant,
Je bénirai les graines, car l'art doit primer.

Pour l'œuvre utile comme on voit à l'horizon
La pluie venant arroser les terres fertiles
Comme notre champ attend les bras utiles,
Faisons donc de la ballade en cette saison.

Semant le matin, le poète récolte le soir,
Pour écrire un poème, il se sert d'un carnet
Comme une main maniant bride et cornet,
L'autre guidant la jument, aussi le semoir.

Retiens bien qu'en rimant, tu pourras choisir
Aux oiseaux Dieu a doté des ailes pour voler,
Aux hommes, des pieds pour ne pas s'envoler
Vivre, c'est l'art de se procurer du plaisir.

Tous sont condamnés pour vivre en balade,
Il faut donc se balader pour voir et réciter,
Graver en chantant les choses à méditer,
Car, si l'oiseau ne chante plus, il est malade.

Farare, 1975

Appel du soir

Quelle belle affaire ce jour
De vouloir chanter à mon tour
A la ronde pour les enfants
Pour rire avec eux tous les ans.

Je prends un petit crayon noir,
Fixant le sourire du soir
Qui s'émiette au loin précieux
Je le dessine en mon cœur pieux.

Je vais dans le jardin des fleurs
Où de jolies têtes sans peur
Dodelinent en me souriant
Comme de petits beaux enfants.

J'en cueille une, puis je souris
Je cours heureux, m'arrête et ris
Je la frotte contre mes joues
Mille sourires vont dessous.

En s'éparpillant sur le sol
Le vent leur fait un doux envol
Comme de tout petits miroirs
Sous le soleil frais du soir.

Oh ! Que c'est beau de faire rire
Les choses dans le soir qui étire.
Qui donc n'irait pas à la ronde
Chanter les choses de ce monde ?

N'diébel, 1975

Méditation

Enfant, vois-tu ce monde
En beauté de la fleur ?
C'est à toi, prends, émondes
Ces vices sans valeur :
La haine, l'injustice
La colère, la guerre...
Dont les fruits non propices
Dominent sur la terre

Vois-tu ?
Il faut haïr le poids d'armes
Il te donne du temps
Car son pays aux faux charmes
Capture pour longtemps.

Vois-tu ?
Travaille pour la paix
Trame bien ses couleurs
Après ris ! Dieu les paît
A jamais frères-sœurs

Vois-tu ?
Mais vois-tu la nature ?
Mais chante ! Elle est très belle
Elle parle en voix pure
Evite une rebelle

Vois-tu ?
Ne sois pas de ces gens
Néfastes, vils, fous
Détruisant tous les ans
Des êtres pour des sous.

Vois-tu,
La bombe qui étale
La vie en déflagration ?
Maudite idée amorale
Mausolée des Nations

Vois-tu ?
Père, le monde est sombre
Périlleux pour l'enfant
Je n'y trouve pas d'ombre
Jeux, amours y souffrant.

Farare, 1976

Solitude

(A mes amis d'enfance décédés)

Ils étaient là sous les arbres
Ils ont joué, ils ont dansé hier sous la lune dans le sable
Ils étaient là !
Mais où sont-ils donc passés aujourd'hui ?
Pourtant ils étaient là, ils ont chanté ils ont couru hier
de case en case comme des cabris dans une prairie

Nous avions cueilli ensemble des fleurs,
nous les avions fixées sur les palissades chacun à côté de son lit

Aujourd'hui, les fleurs sont fanées et eux aussi sont partis
Mais où sont-ils donc allés ?
Pourtant je ne suis pas né pour être seul
Sans parents !
Sans amis !
Sans camarades en ce monde !
Ils étaient là ! oui, là !
Mais où sont-ils donc partis sans me tenir par la main
comme d'habitude sur les chemins de nos champs
et sur les sentiers de nos marigots ?
Mes parents
Mes amis
Mes camarades qui, hier étaient là, sont partis ?
Peut-être ils sont dans nos bosquets aux aubes encensées de rosée
Je m'en irai donc et je les prendrai par la main
et nous danserons encore et toujours.

Sont-ils ces oiseaux sur nos toits et dans nos arbres
qui chantent dans cette nuit noire ?
Les nuits, je laisserai donc la porte ouverte,
peut-être ils entreront dans ma chambre et me prêteront des ailes

Nous volerons ensembles au-dessus de nos champs
et de nos marigots pour chanter ensemble, et toujours, les matins,
dès l'aube, dans nos arbres, la joie de vivre.

Farare, 1976

Ma mère dans sa nuit

Yandé Ngom, ma mère, au crépuscule du jour.
Je vois bien Yandé Ngom, ma mère !
Elle est là avec ses yeux sans soleil.
Le masque divin de ma vie !
Ma mère !
Je la vois, et toujours elle m'écoute dans sa nuit
Cette nuit plus que nuit tombée du firmament de la maladie
Ô maladie-ciel versant ses ténèbres tyranniques
Sur la fleur innocente !
Ô ! ma mère dans sa nuit !
Cette nuit dont je veux me couvrir
Pour voir les étoiles de ma mère,
Ces étoiles de la vie, ces berceuses de l'enfant.
Mère, me vois-tu ? Vois-tu ton fils
Qui chante ta beauté de masque noir ?
Cette beauté de Noire que j'adore, cette beauté que je critique
,Qui apaise, qui apaise le volcan de mon cœur.
Dois-je sonner la cloche universelle pour ma prière ?
Ô enfant du privilège monothéique ! Ô Dieu mon Dieu !
Ô ma mère dans sa nuit !
Nuit aux rires calculés, ma face s'incline
Pour méditer
Nuit folle. Nuit éternelle. Ô nuit tyrannique !
Où ma mère bat son tamtam aveugle pour vivre !
Nuit ! Mystère - Enigme - Esprit - Oracle
Ô nuit fallacieuse, ton manteau écrase ma mère !
Yandé Ngom ma mère, ma joie est une erreur,
Le monde me l'a refusée, cette joie d'enfance.
Ô! Dieu ô! fils ô mère du destin martyr !

......./......

(déjà publié dans Horizon Africain, n° 326-Février 1980, p. 21 ; et signé Georges Baye SENE, élève de 4ème au Collège du Sine à Fatick, un ancien de N'Diébel).

Pilon d'aurore

Pilon pilant la dure graine dans le mortier
Pilon chantant le noble chant
Avec les coqs de mon village

Pilon égrenant les temps d'abondance
Avec les grenouilles dans les marigots
Humant l'air glacé de cette ondée matinale.

Pilon glissant doux dans mon cœur
Comme ce nourrisson qui pleure
Dans les bras de la mère,

Je chante ton courage
Toi qui oses élever la voix
Au-dessus de nos toits recueillis.

Pilon à la voix auréolée
Je te respecte, car ta voix a autant de sang
Que le sein en sueur de la jeune fille.

Farare, 15 septembre 1979

Awa ma Sœur

Awa ma sœur
Loin des rires
Loin des chants
Loin des danses
Loin des applaudissements
Loin de nos toits de tendresse
Ma sœur, ma petite Awa !
Je pleure devant ce destin qui ne cesse de boire de mes larmes
Taamala ! Cruel Taamala !

Que veux-tu de ma sœur, fleur suave sur son lit torturée ?
Ô Awa ma sœur !
Loin de ma mère
Loin de mes forces
Loin des brumes aux contacts doux.

Puis-je te porter tes souffrances ?
Ô ma sœur pleure !
Loin du sein de ma mère
Loin des greniers de mon père
Loin de nos campagnes de liberté
Loin des marigots que couvent nos cieux d'hivernage.

Taamala ! Hééé ! Taamala !
Je jette du charbon entre tes crocs badigeonnés de sang
et de la boue incandescente des cimetières profanés,
oiseau des ténèbres, vampire aux longues canines,
je te dis mille fois : Tarass ! Tarass ! Tarass !
Toi qui racles notre sang pour étancher ta soif, prends cette boue
sur tes dents et dans tes oreilles !

J'ai craché ton nom sur les pattes des criquets prédateurs
pourchassés par les oiseaux et les serpents des champs.
J'ai essuyé mon amour pour toi
sur les ailes des oiseaux migrateurs
perdus dans les hivers d'Alaska.

Oh ! ma sœur me regarde
Loin des herbes douillées de rosée
Loin des vents frais des ondées
Loin de nos crépuscules d'hivernage
Loin de la verdure de notre brousse de brouillard fumant.

Docteur-kinkéliba, vous qui irradiez de vos yeux vitrés
cette fleur pétillante de candeur au pas de l'aube immaculée
Vous qui caressez ce frêle corps tremblant de vos mains d'argile,
dois-je immoler mon âme sur l'autel de l'impuissance humaine ?

Awa ma sœur !
Sang dans mon sang que je sens si fort dans mes veines,
veux-tu que j'aille cueillir toutes les étoiles de ce vaste ciel au-dessus de Dantec afin d'éclairer cette ombre qui te bave et que tu braves
Loin de notre soleil d'hivernage
Loin des cendres ensoleillées de nos pâturages
Loin de nos champs aux fleurs sauvages, breuvages des papillons et abeilles au doux mélange.
Awa, loin des rires immaculés et de la candeur des chants et danses aux clairs de lune de Farare.

Awa ma sœur pense !
Comme je pense à tout ce qui mesure la vie en cadence
et élève l'être au-dessus de la matière et de la poussière.
Mon Dieu, que la Vie reste avec ma sœur Awa.

Dakar, octobre 1982.

Prières sous l'orage

Ô Farare, berceau de ma chair et silo de nos os au repos cardinal !
Farare aux chants de ma grand-mère aux champs
aux aubes limpides, de mes pleurs aux crépuscules perfides
où crève au bout du temps tout ce que j'aime !

Mon amour s'éteint devant tout ce qui meurt
Farare ! mon cœur s'allume de mille feux ardents
lorsque te fixe mon imagination.

Ô Farare ma terre d'amour !
De la cime de tes arbres ancestraux
à ma rencontre sur les sables de Walalane et de Soumnane,
tu t'élances pour me dire : « Mon enfant, viens à moi, et vis !
La vie n'a de sens que dans le temps, sois donc patient ».

Ô Farare ! grimpant sur les toits du monde loin des pinceaux immondes,
je passerai ma main droite sur chaque étoile pour écrire ton nom.
Pour t'ouvrir les portes du monde,
je frapperai quatre fois ton nom sur chaque coin de l'univers.
Je poserai ma plume trempée dans l'arc-en-ciel aux tempes de l'Orient
au rythme du tonnerre pour écrire en or ton nom :
FARARE sur la Lune et sur Mars
sur Jupiter et sur Saturne
FARARE sur Vénus et sur Uranus
sur Neptune et sur Pluton
Farare, tu es déjà sous le soleil !

FARARE ! Je veux apposer ton nom comme sceau sur les tuniques
des chérubins qui font grâce aux êtres pour les trônes des Cieux,
De Ngoloum à Koumouss,
Du Nil au Fleuve Sénégal,
Du Fleuve Sénégal au Tigre,
Du Jourdain au Gange,
Du Gange à Sangamar.
J'écrirai ton nom sur le dos des baleines et des sirènes

qui écument les eaux sur la Terre
Mon imagination s'arrête en ce moment
sur les naufragés de cette Terre.

Et mes larmes coulent sur les cimetières de Faap-SENE
Il pleut ! Oui, il pleut !
Comme si le ciel versait des larmes à l'image de ces femmes
qui pleurent jour et nuit entre les aubes et les crépuscules de la Vie.

L'eau coule sur mon corps comme sur la terre qui m'a vu naître
Pluie ! Pluie ! Ô Ciel !
Laisse-moi maintenant partir à la chaleur de mon village qui m'entend
et m'attend languissant !
Eau ! Terre ! Comment vous aimer ?
Mais aussi comment vous haïr ?
Vous couvez et enfantez des vies, mais aussi vous étouffez et tuez
Dis-mois Terre, comment tu reçois la nuit après le jour,
le jour après la nuit ?

Terre, tu es mère mais aussi cimetière.
Tu passes ton temps avalant nos chairs
comme le temps nos espoirs
et nos jours.
De ta grande panse tu rumines éternellement les âmes fanées
de nos chaumières pour nos cimetières.

Toi Terre, tu es puissance ? Puissance !
Pourquoi trembles-tu alors sous les tonnerres en même temps que mon
frêle corps ?

Toi Eau, tu es Vie ? N'es-tu pas aussi Mort ?
Oui, tu donnes également la mort.
De toi nous viennent les sels, les poissons et la mousson.

Moi paysan, je veux la moisson pour affamés !
La vérité pour diffamés
La grâce pour condamnés

A la place de l'aveugle célérité sur les damnés !
Ô Eau ! tu fécondes la terre d'où naissent les vers,
les termites et les végétations.

Quand de la terre montent comme lueurs les fleurs et les prières,
le vaste ciel ivre, lâche ses tornades et ses orages avec rage
sur nos corps d'argile.

Nous te buvons des jours, des années seulement !
Et, en un seul jour, tu ravales tout pour l'éternité.
Déluges ! Inondations ! Suis-je comme un naufragé au large de mon village sous les rafales d'un ciel en crue ?

Il pleut ! Il pleut ! Mon Dieu pleut sur cette argile fragile qui pense en cet instant aux orphelins sans nourriture sous Ton toit

Je rêve sous cette pluie avec tous les pauvres de la Terre
Que je veux implorer le ciel pour ses mamelles nourricières !

Le rêve des pauvres :
c'est de manger
de loger
de partager
De vivre et de rire ensemble !
Et, de voir un jour Dieu reconstruire son monde sans les oublier
Hélas ! le rêve, c'est de la rosée qui succombe sous le soleil
Et pourtant, rêver c'est vivre !

Soleils, retardez donc vos levers pour laisser pousser les racines de mes rêves dans cette terre que féconde les cieux d'hivernage

Rêves des âmes dépouillées, rongées par le désir de vivre la Vie,
Soyez réalité dans la vie du pauvre qui contemple la Nature d'où vous émergez.

Merci ! Seigneur, conduis maintenant cette pluie vers tous les coins de la Terre pour arroser tous les objets et les êtres pour la vie éternelle !

Farare, 1976

L'Avenir

De l'autre bout, l'Avenir appelle toujours suspendu aux flancs de l'horizon lointain.
Nous marchons, nous courons, nous roulons et volons même
Comme si nous étions pressés de découvrir le bout de cette Vie qui nous porte sur un quai de déportation vers l'inconnu.

Et derrière nous, le vent efface nos traces et nous filons toujours
Comme des diables vers des soleils levants qui reculent toujours devant nous.
C'est la Vie ! Ce chemin vers l'Avenir
L'Avenir ! A-venir ! Tu es toujours à venir. Tu ne viens jamais jusqu'à nous
Et tu nous promets tout, et de tes entrailles lointaines, arrivent
Le sommeil
Le rêve et le réveil
La chaleur et le froid
Le bonheur et le malheur
La jeunesse et la vieillesse
La vie et la mort
La lune et le soleil
La nuit et le jour
La gloire et la défaite
La tempête et L'air
La joie et la peine
Et tout arrive avec répétition comme le soleil infatigable qui réveille tout
Pour demander à l'univers d'assister chaque soir à sa chute dans l'abîme
Comme la lune et les étoiles, fleurs noctambules qui se fanent au contact du soleil
Comme les vents qui coulent éternellement dans l'espace.

Pourquoi alors l'Homme file-t-il comme ça sur la Terre vers l'Avenir ?
L'Avenir ne vient jamais,
c'est l'Homme qui y fonce pour trouver la Mort en chemin.

Mon Dieu, indique-moi un autre chemin qui n'est pas celui de l'Avenir !
Mon Dieu, ramène tout bonheur promis à l'Homme au présent !

Car, Demain, lorsque tout s'en ira-ne souffleront sur la Terre que le vent et la Mort.

Mon Dieu, suspends cette lune toute pleine au-dessus de ma tête
et éparpille tes étoiles sur la Terre pour chasser les serpents et les ténèbres !

Mon Dieu, pourquoi la patience de la Terre n'est que dans son immense ventre, car sur son dos tout passe et s'efface sauf l'Avenir ?

Dakar, 2001

Dakar

Dans Dakar
C'est le tour sans cesse aux abords des rues et avenues
Partir ! Oui, toujours partir au contact des rosées et brumes matinales
Et revenir au crépuscule l'œil rivé sur les couleurs têtues dans l'angoisse.

Dans Dakar
Des espoirs naissent chaque jour avec l'aube, arrosent les cœurs des êtres
et subitement se fanent avec le soleil dans l'Océan Atlantique.

Dans Dakar
Sueur des jours vils dans la vie de ville où le chômeur trouve du boulot, chômer
Et, comme salaire, de la galère et de la colère dans les nerfs
Avec pour consolation, mourir un jour comme tout le monde pour quitter la misère.

Dans Dakar
Si tout le monde ne travaille pas, c'est que les autres mangent beaucoup
Et bêtement ! Oui, cruellement ! Et impunément !

Dans Dakar
N'élevez pas votre regard par-dessus Cent Mètres
Car l'œil irrité qui cherche à percer l'obscurité se gonfle
Comme celui du bagnard longtemps oublié au fond de ce cachot.

Dans Dakar
Je ne comprends rien des hommes qui m'entourent
Pourtant, vivre c'est comprendre
La vie est peut-être ailleurs qu'ici !
Et mourir est parfois meilleur ou s'évader
Aller en campagne gambader sans s'arrêter dans un caveau

Mais fuir ! Encore fuir ! Toujours fuir le bruit des véhicules
qui essaiment les routes, les sirènes des ambulances
et les cris sur les corbillards-semoirs des âmes aux cimetières,
les gyrophares des motards baliseurs pour cortèges d'hommes élus
et parfois comateux.
Les sonneries et les chiens à l'entrée des maisons-tombeaux
où se fanent en haut lieu des vies comme les brises de l'océan aux flancs
de Fann.

Ah ! Le Bonheur et la Liberté ne sont que fiction sur la Terre des
hommes.
Je vois pourquoi alors ces hirondelles et ces vautours restent longtemps
suspendus dans l'air au-dessus de la Terre
La Terre n'est donc que cimetière pour accueillir la chute des objets et
des êtres.

Avril, 2002

Au-dessus de Dakar

(Dans l'avion, de retour du Maroc, Mai 2010)

Arriva le jour qui chassa la nuit
Oh ! Voici Dakar.
Enfin ! Dakar aux milles visages charmants

Dakar
C'est cette chaleur dans la torpeur
C'est cette candeur dans l'ardeur des objets et des êtres qui s'enroulent
et se relâchent aux heures qui passent et repassent.

Dakar
C'est ce goût des brumes aux sueurs suaves entre Soumbédioune,
Yoff et Cambérène, entre Cap Manuel, Hann et Tin-guédj.
Ô Gorée au sourire naïf qui a tout pardonné pour le Futur, carrefour de
la Civilisation de l'Universel.

Dakar
C'est cette peur virile de l'odeur bleue des jours et des nuits
qui décèdent et renaissent au-dessus de l'océan.

Dakar
C'est cette clameur sur les douleurs
C'est cette douleur dans les cœurs des hommes et des êtres
qui se blessent et se caressent

Dakar
C'est cette fraîcheur aquatique sur la chaleur des usines,
des marchés et des stades
C'est cette frayeur devant les ardeurs des objets et des êtres
qui s'embrassent et se prélassent dans les plages et les espaces

Dakar
C'est ce Monument Centenaire en sabre qui se lance à l'assaut
d'un ciel au charme conquérant dans le boulevard de l'espace

Sabre pittoresque d'une victoire gigantesque sans bavure ni injures
gravée dans le temps depuis Mille Neuf Cent Soixante

Comme Ariane en rampe pour la conquête des espaces de liberté
et de bonheur
Indépendance ! oui, mais aussi abondance pour mon pays.
Mon grand peuple !

Dakar
C'est cette Porte de Pierre et d'Abdoulaye aux flancs de l'océan
Symbole d'alliance entre l'Eglise universelle et la Oumah islamique
Charmant gouvernail d'un siècle qui résiste aux termites du temps

Dakar ! Dakar !
Voici Dakar piaffant de chaleur fraternelle par-dessus l'Atlantique !
Vers tous les peuples riverains des eaux et forêts,
vers tous les peuples soudés au cœur maternel de la Terre

Peuples soudés sans saignée aux bras en cinq couleurs arc-en-ciel
jaillies de la même source œcuménique : la Race humaine !

Dakar !
Ta peau entourée d'eau est donc lisse
Comme celle de ma jument rassasiée sous les averses de ma campagne
aux heures de labeur ?

Si on m'offrait ce Monument, je bâtirais ma tombe reliée à Sangamar
à ses pieds
Et je vivrais comme un cygne sur son cimier pour frapper au rythme de
mon cœur
Mes chants aux portes du Ciel.

Pleurs d'ombre

(A Mame Ganoud-Ndéla, pieusement)

Ma plume qui signe les pages de ma vie de Nègre ne saurait souffrir de la rime du poète barbare.
C'est le rythme de mon cœur et l'émotion de mon âme qui poussent l'écume de ma plume et la riment avec mes larmes aux frontières des douleurs éternelles et des joies éphémères

Enfants, que tant d'années passent
sans que repassent comme le soleil tant de choses
qui naissent dans l'espace et dans le temps !
Ha ! La mélancolie s'installe dans mon cœur.
Et tout mon être en transe reçoit les messages des esprits
qui gouvernent les nuits du Sine.

Que tant de soleils et de lunes passent
sans que les hommes et les femmes chantent et dansent
dans la poussière-vie et la sueur-sève !

Je pleure, oui ! dans mes veines gicle mon sang comme le venin d'une vipère offensée.

Réveillez-vous ! Enfants du Sine, il ne pleut plus sur nos champs
Debout ! Enfants de ma terre, un soleil se lève à l'Ouest pour chauffer les versants des nuits
Qui couvent le Sine qui cherche ses racines pour revivre.
Ce soleil devra désormais choir là-bas dans les bas-fonds de Kédougou, et irradier les entrailles de Sabadola fécondées par les Dieux de Dindéfélo

Et les varans ne crèveront plus les œufs d'or pour leur bamboula
Et les poussins vivront la bamboula
au rythme des tambours.

Je veux parler aux hommes ! et mes larmes coulent
J'entends des lamentations dans la vallée de la nuit
entre Koumouss et Samba-Laladji
Entre Samba-Laladji et Ndoumbé-Diop
Entre Tamba-Faye et Ya-Maak
Entre Fatick et Ndiarème
Entre le Ciel et la Terre
J'entends, et je vois en dormant
Je dépose seulement mon corps dans l'ombre de la nuit
Et, j'envois mon âme aux rendez-vous des forces mystiques
sous les étoiles qui veillent sur les hommes drapés de l'insouciance juvénile, de l'inconscience ivrogne

Enfants du Sine ! À l'heure où je survole les cimes et les abîmes de la nuit, j'entends des sanglots qui me tenaillent les entrailles
Qui pleurent donc dans cette nuit noire ?
Ne sont-ils pas les Ancêtres sous le poids de l'oubli et du silence coupables des hommes ?

Oui, tout pleure dans la nuit et sous les arbres
Car, les années passent et passent en même temps les tamtams et les pas de danse authentiques !
Ô les tamtams des profondeurs vierges !
Les pas de danse domptés dans la pudeur sérère !

Le malheur des enfants du Sine aujourd'hui est qu'ils oublient les Morts qu'ils enterrent
Alors que Dieu Lui-même veille sur les fourmis qui sont sous les montagnes.

Les hommes ont tourné le dos aux Morts sans se soucier du lendemain de nos âmes
Et les Morts ont crié vers Dieu et Le Miséricordieux a répondu aux Morts
Alors, une nuit sans étoile a enveloppé nos demeures pour sortir les Morts

La nuit a sorti les Morts de ses entrailles pour marcher sur nos demeures

Oui ! les Morts surgissent chaque nuit des ténèbres pour parler aux vivants
Ils nous parlent du sort de nos âmes
Et des âmes rient mais aussi d'autres pleurent

La Vie se nourrit de rires et de pleurs,
du bonheur des uns et du malheur des autres

Enfant de ma terre, vous m'entendez ?
En tout cas j'entends ce que vous n'entendez pas encore,
Et je vois ce que vous ne voyez pas encore.

Je pose mon regard de Saltigui sur la trajectoire des chiens veilleurs
face à l'écran des crépuscules
face aux rideaux imposants des nuits

Ecoutez sans regarder, enfants de Farare !
Fouff ! Fouff ! Vous entendez ? Les Morts sont en colère !
Les Morts soufflent au-dessus de nos demeures,
Ils sifflent sous nos arbres
Ils reniflent la poussière de nos pieds

Les Morts règnent sur nos haies et guettent le sein nu de la femme dans le crépuscule

Hiii ! Hééé ! Vous entendez ? Des voix appellent !
Les Morts appellent dans le crépuscule
et sous les arbres aux heures de zénith

Ils agitent nos arbres et terrassent nos palissades
ils sifflent et appellent des noms une seule fois et d'une voix
Les Morts tapent à nos portes sans attendre
Ils renversent nos greniers, secouent nos demeures
Et ils se dirigent vers le couchant des souffles.

Dans ce brouhaha des Souffles, la voix de Birago Diop s'entend dans le cœur du poète
Comme vibrent dans mes temples-encore ! celles de Singue Sène et de Bour Maye-O-Koor Diouf
Du milieu de cette cour royale de Sangamar
Mes larmes coulent ! Coule donc mon sang inoculé dans mon âme revenante.

Je préfère les fouets salés sur le chemin de la lutte des cultures
à la prison du silence coupable.

Je pleure à l'ombre des masques d'une modernité singée,
à l'ombre des nuages fugitifs qui attisent et dissipent tout dans l'espace et dans le temps

Je me moquerai toujours des rires imbéciles
des rires sournois des hommes barbares

Il faut que je parle !
Et je veux ma parole en or à offrir en parures aux femmes de ma terre

Ngarou-Ngarfo-nack-Diam-Diaga-Ndoumbel Ndiaye !
Toi l'ancêtre des Pang-ngools de Farare,
laisseras-tu s'en aller nos Morts avant que je ne puisse parler aux hommes du Sine ?

Oui ! Je veux parler aux vivants mais aussi aux Morts
Le temps est venu où l'Homme tremble devant la Mort,
mais l'effluve mystique de Latt-Diaï-Faap-no-Mew-Sène ne croit pas à la Mort-néant
Je suis nourri du lait qui coule en flux et reflux entre le Levant et le Couchant des souffles
Mon âme ira à Sangamar, et mon corps comme hostie aux termites des ténèbres

Terre du Sine ! toi qui a vu ensevelir tant d'âmes en ton sein,
je pleure sur toi.

Telle cette abeille sur les fleurs aux flancs de l'incendie qu'excite le Souffle des esprits aux crépuscules

Je supplie tous les Saints ensevelis dans la Terre d'intercéder auprès de Roog-SEEN
Pour que les pluies arrosent nos champs !

Terre de mon sang, je suis l'aigle sorti des entrailles de Sangamar pour annoncer l'ère du grand repentir
Mais déjà, je vois, l'œil fermé sous les étoiles, l'âme illuminée par les vagues de Sangamar,
les termites boire de mon sang dans le secret des ténèbres
Sorciers ! Vampires ! Vous m'entendez ?
Savez-vous que mon sang est océan et que je suis immortel comme la nuit ?
Je suis, hein ! Et je capte vos réquisitoires et délibérations à vos heures de sabbat nocturne au milieu de Faap-Sène.
Oust ! Oust ! Charognards salivant sur un troupeau rongé par un sommeil profond sur une prairie aux abords de Soul et de Tatang.

En Sérère au cordon ombilical avec le trône des Pharaons bénis des Dieux, purifié par les Saamels de Senghor
Et refusant l'érosion des voyages vulgaires, je franchis les frontières de ce monde visible
lorsque les alizés soufflent du sein de la terre pour m'emporter jusqu'aux rives de Sangamar
Sangamar ! Ô Sangamar où s'arrête la fuite de l'heure !
Sangamar de mon Couchant, demeure aquatique des âmes nomades
Qui couvent les âmes fragiles de ma terre fertile !

Enfants de ma terre !
Je garderai toujours une dimension inconnue des hommes borgnes des plaines pourtant ensoleillées.

Au commencement était la nuit et la nuit est noire
Je suis Noir, et je mène une vie d'osmose mystique
Avec les forces invisibles qui gouvernent la terre du Sine

Dieu a choisi Farare pour m'offrir à la Terre,
pour vivre avec les objets et les êtres de la Nature
Mes larmes coulent devant ce crépuscule qui tire derrière lui une nuit
Une nuit déjà peuplée de cadavres !
Beaucoup de cadavres des enfants du siècle !

Des soleils se sont couchés dans l'Ouest,
Une nuit noire s'est abattue sur la terre qui aspira le jour et sa lumière
Et un vaste rideau de ténèbres enveloppa la Terre brutalement

Taissez-vous ! Femmes, taisez-vous !
Car la terre encore refroidie commence à sortir ses Morts
de ses entrailles pour la migration funèbre
Silence ! Enfants du Sine, silence !

Des forces masquées hurlent, macabres, elles reniflent
les odeurs humaines dans la nuit
Des vautours volent au-dessus de nos toits et appellent les hyènes
et les chacals aux festins sauvages

Femmes, taisez-vous donc ! L'heure est grave
Que les hommes parlent !

Les esprits des Ancêtres appellent dans le firmament des Souffles
Parlez ! Hommes de ma terre !
Vous devez parler aux êtres et aux objets bourrés d'âmes ensommeillées.

Dites-moi pourquoi le Ciel ne fait plus que choir sur nos champs des nuits et des jours tristement ?

Je veux maintenant de l'eau sur ma terre.
Et allègrement !

Mais, il faut que les hommes et les femmes chantent et dansent
pour apaiser cette colère de nos Ancêtres ensevelis
entre le Ciel et la Terre.

Hommes du Sine, vos voix sont-elles brisées ?
Il faut pourtant que l'Homme perpétue la Vie
par le geste et la parole dans le secret de l'art
Maintenant la parole est aux *Saltiguis*, le geste aux *Sathiours*.
Et, je suis un métis éprouvé de la parole et du geste !

Le temps est venu où je dois parler à ma terre natale,
Cette terre qui m'a vu naître à la frontière de la Vie et de la Mort.

Un autre temps viendra où je parlerai au Maître de cette Terre
Et je dirai : Roog-SEEN !
Que le tonnerre gronde ! Roog-SEEN !
Que la pluie tombe sur cette terre écarlate !

Je ferai descendre l'eau du ciel sous le roucoulement des tamtams
et des chants excitants des femmes surexcitées dans la pudeur de l'extase domptée
Oh ! Dieu ! Créateur de toutes choses !
Je dis Ton Nom et je compte Tes habits ma face dévote inclinée :
Dieu de Gorane Sène
Dieu de Sinigue Ndiaye
Dieu de Mbégane Ndour
Dieu de Djidiack Djilor
Dieu de Wa-Coune et de Samba-Laladji
Dieu de Diomaï Niane de Sanghaï
Dieu de Laba Diène Ngom
Dieu de Ganoud-Ndéla
Oh ! Roog-SEEN ! Je veux de l'eau dans nos champs, car les objets et les êtres ont soif.
Roog-SEEN ! n'oublie pas que la Terre est à Toi !
Arrose-la afin qu'elle Te rende gloire à travers les chants des êtres
et le recueillement des objets.

Porté par les forces mystiques qui gouvernent ma terre, je m'élance comme un vautour défié dans les airs nocturnes du Sine.
Le ciel s'ouvrira, la terre tremblera lorsque ma voix tonnera dans la vallée de la nuit

Comme l'Homme a été créé à l'image de Dieu, le Sérère fut tiré de l'Homme pour dominer le monde des objets et des êtres
Roog-SEEN ! Créateur du Ciel et de la Terre, mon regard héritier de Singue Sène pénètre les méandres de l'univers
comme un rêve les rideaux de la nuit.

Et, j'ai fini par trouver une âme dans les objets comme dans les êtres.
Tout dort et s'anime en toutes choses.

Pour ma foi en Dieu, je suis animiste, oui ! Car dans la Nature créée par Roog-SEEN de Sa Science Parfaite, rien n'est encore mort, et que tout s'anime par LUI.

Vous ! Femmes de la terre du Sine, donnez de votre lait à ces bouches affamées dans nos cimetières,
sur nos haies et sur nos palissades aux crépuscules des jours
Ensuite, chantez et dansez dans la communion avec le Souffle de l'Eternel
Oui, il faut que les pluies tombent pour arroser les âmes gardées dans cette terre du Sine

Dieu n'a-t-il pas fait ses pluies pour rendre la vie aux objets et aux êtres ?

Si l'Homme mourait pour devenir une épave dans la terre, Dieu aurait perdu son temps à le créer pour dominer l'Univers !

L'Homme est la symbiose du visible et de l'invisible

Léopold Sédar SENGHOR :
Léopold de la Métropole !
Sédar de Sangamar !
SENGHOR de Djilor !
Excellence ! ma trinité, symbiose de la raison et de l'émotion
Trait d'union entre l'Occident hélène et l'Afrique nègre L
éopold Sédar SENGHOR, saint poète de la Négritude ! Dois-
je pleurer déjà avec les femmes
Entre Djilor et Ndiongolor,

Entre Farare et Sangamar
Sur le long chemin du Couchant des Souffles ?
Je pleure ! oui je pleure dans ce Grand-Dakar Sédar.
Les larmes coulent dans mes veines : alors, je vis !

Enfants de ma terre, depuis l'aube de ma vie, mes larmes ne cessent de couler sur mon corps
dans mon cœur comme la sueur du prisonnier Sédar-O-Koor-Gnilane au front à Charité-Sur-Loire

Vous ! Saamels, n'avez-vous pas déjà reçu le testament de Sédar sur le chemin de Sangamar ?

Voyantes femmes de Simal, bois de vie en feu sans voracité,
faites alors que le feu qui illumine les valeurs de la Négritude ne s'éteigne jamais !

Donc, dansez ! Dansez toujours la danse-prière, vous ! Femmes.
Pleurez ! Vous femmes, et chantez avec les hommes pour raffermir le souffle de Sédar qui m'a dépassé majestueusement sur le chemin du Couchant des Souffles

Vous m'entendez ?
Une grande nuit pointe à l'horizon et l'étoile de Gnilane
Comme un vautour-roi, se détachera des cimes de la France pour les entrailles de Sangamar
Ce jour-là, chantez-lui le grégorien, et dansez la danse sublime au rythme du tamtam
Et des pas ailés des Saamels, messagers zélés des grands souffles migrateurs

Comme les pleurs sont au début et à la fin de la Vie, vous devrez pleurer Sédar
Comme pleurent toujours les Egyptiennes Osiris
Comme les Hindoues Mahâtma Gândhi
Comme toutes les Femmes-ô Eves ! Pleurez toujours les Morts
Femmes du Sine !

Comme Dieu a fait ses nuages pour les pluies,
Il a également fait vos yeux pour les charmes et les larmes
Charmez donc les vivants mais pleurez également les Morts.

Enfants de ma terre, la vérité dans la pensée et dans l'action
tient à ce qu'on sent !
A ce qu'on vit !
Donc à ce qu'on est !
Je vis ma vie de paysan aux champs.
Je sens encore dans mes os la terre humide de ma tendre enfance
baignant dans la sueur de Ndiomé Gningue, ma grand-mère,
me gavant du lait de son sein !

Je suis le Sérère qui veut recréer et transformer le monde par l'hilaire et la graine
Mais aussi par les paroles fécondantes de nos valeurs abondantes
Je veux guérir, purifier ma terre par la salive des incantations mystiques
Je veux agir pour être et être avec les objets et les êtres

Quand l'Assemblée des Saltiguis du Sine appelle les hauts hommes pour les consultations nocturnes
Je quitte mon lit de Dakar sous les alizés complices pour aller renaître majestueusement entre Samba-Laladji et Koumouss.
Et je survole Poponguine, baisant de mon aile purifiée la Sainte Grotte au rythme de "AVE Maria ! Allélua !"

Ô Douce Marie ! Mère des Grâces perpétuelles du 15 Août des Quatre Points Cardinaux
Ô Père Picarda ! Voici le Père Picarda !
A moi ta lumière ! A toi ma prière - Ô Mon Père !
Survolant le sol bénit de Poponguine
Je dis ton nom de ma bouche en prise avec les brises de mer, de terre que distille comme encens le Saint esprit de cette grotte basilique

Que ta Paix éternelle, Roog-SEEN, sanctifie toutes les âmes enfouies sous la terre entre Yoff et Fonguélimi, entre Effock et Tarédji !

Père ! Au plus Haut des Cieux, guide mes pensées pieuses pour Sœur Marie-Gisèle-Farou.
Dans sa nuit éternelle de Clamart
Je sens Père Picarda ! Ô l'Illuminé
Comme un rai la nuit sur les pierres assoupies de la Côte
Je te salue, l'auguste !

Je passe doucement mon aile sans troubler le sommeil du Juste
Et, déjà mon ombre toupine aux eaux bénites du Sine
Où Mame Mindiss couve les âmes assoupies de Niame Diarokh à Fintel, de Ngolum à Senghor.

Hommes de ma terre, il faut que la voix du Saltigui dompte toujours les esprits rebelles tapis dans l'Univers

Vous, enfants du Sine ! Sachez que la Vie, c'est la patience dans l'espérance
Donc, patience ! Enfants du Sine, je vous appelle à la Vie
Le ciel s'ouvrira à la terre lorsque ma voix vibrera dans les airs,
sous l'émotion fertilisante de mon cœur dans l'extase dévote.

Que les griots battent maintenant les tamtams !
Qu'hommes et femmes chantent et dansent dans nos cimetières
et nos bois sacrés
Je dis bien des chants-prières et des danses pudiques !

Mes larmes coulent sur cette terre asséchée qui pleure vers un ciel atrophié
Enfants du Sine, savez-vous pourquoi le Ciel n'arrose plus la Terre à suffisance ?
Saltiguis du Sine, la parole est à nous ! Donc parlons dans le haut langage des initiés

Silence ! Enfants de ma terre. Taisez-vous !
Les graines longtemps abandonnées dans la terre éclatent en cendres
Le sang a coulé sur les mains, sous les pieds de l'Homme

Et coule encore sur toute la Terre aujourd'hui terrifiée
Baye Moussou Ngor Sène ! l'effluve mystique de Latyr Sène
La mort réside dans l'oubli de ce qu'on est,
L'on vit de ce qu'on est
Et l'on meurt de ce qu'on a.

Je suis un Sérère du Sénégal -un Noir de l'Afrique- une image de Dieu-
une âme noire.
Je suis alors immortel comme la nuit !

Femmes ! chantez avec les autres êtres de la nature.
Mais surtout dansez dans la pudeur sérère,
la pudeur du Noir dans l'élégance des gestes féconds

Roog-SEEN ! Créateur du Ciel et de la Terre,
Fais descendre Ton eau sur la Terre
Cette Terre qui en son sein, garde nos Saints

Il faut que les eaux de pluie charrient nos lambeaux de misères vers les
rives du passé

Roog-SEEN ! Seigneur des deux mondes ! Je crois en Toi autant que
Juan de Yepes Alvarez

Enfants de ma terre ! Respectons toujours nos Morts qui reposent entre
le Sine et le Saloum
Entre Farare et Sangamar
Ô ces âmes qui reposent dans l'ombre de la nuit !

Grand-Dakar, 1995

Ma belle

(A mon épouse)

Tu es pour moi, oh ! Ma belle
Ce qu'est pour la libellule l'aile.

Pousse donc avec rigueur mon cœur
Dans ma poitrine comme une rose

Loin des épines et des feuilles mortes
Que posent sur les routes le vent et la pluie.

Car, demain, quand le soleil se lèvera sur Farare,
La peur enfin me quittera.

Je partirai à ta rencontre, belle fleur
Et, avec ton pollen ma sueur sera saveur.

Et, agenouillé, le désir au ventre me servira de beurre
Sur tes lèvres déjà de nectar.

Et je prendrai de ma main gauche un bouquet
De roses à t'offrir une fois arrivé au banquet.

Sermon aux Tirailleurs

La guerre éclate, les canons cassent des pattes
Pan ! Pan ! Tchouss ! Tchouss ! Pan ! Pan !
Vous étiez un jour deux cent mille à l'appel ?
Arrivèrent dans une nuit Cent soixante dix mille !

Non ! Arrêtez ! Arrêtez ! Ne tirez plus, braves soldats
Naguère sur la Terre la guerre est amère et macule la Terre
Ecoutez ! Vous héros engagés au pas d'une aube nouvelle
Qu'accouche dans la douleur l'histoire des peuples,
Savez-vous que vous devez rester dans la conscience éternelle de nos peuples ?
Non ! Ne tirez pas sur vos semblables dépigmentés dès le sein par les glaces et les fonds marins.

Vous, héros aux cœurs tendus vers un ciel incandescent de grandeurs !
Vous, chevaliers à l'assaut des causes humaines universelles
Ne tirez pas comme des cannibales dans l'Amazonie.
Vous êtes promis à l'Eternité comme nourriture pour la postérité
Ecoutez-moi ! Braves soldats.

Savez-vous que la France n'est pas souffrance mais un lieu d'endurance ?
Vaillants soldats, faites qu'après les âneries
Que vivent
l'Algérie,
la France,
le Sénégal,
l'Allemagne
et l'Afrique Noire,
Cette nuit qui a fécondé les jours !
Car, demain c'est l'union pour la vie des peuples du Monde

Soldats ! Tirez non pas sur la France, mais ailleurs !
Car la France est éternelle.

Soldats ! Tirez non pas sur l'Allemagne, mais ailleurs !
Car l'Allemagne est éternelle.
Soldats ! Tirez non pas sur l'Afrique, mais ailleurs !
Car l'Afrique maternelle est éternelle.

Non ! Ne tirez jamais sur les peuples éternels.
Mais sur les forces de l'oppression qui bafouent la dignité humaine universelle

Oui, l'Allemagne est une terre comme la France et l'Afrique
La Terre est mère et pour elle toute guerre est amère

Vous, soldats d'ailleurs ! Savez-vous que l'Afrique n'est point satanique
Mais qu'elle est bien magnifique telle une boule de diamant dans l'Atlantique ?

Braves soldats ! Savez-vous aussi que les tirs sont d'ailleurs ?
Ils viennent de l'obscurité qui vous cache la naissance d'un monde œcuménique
De toutes les races, de tous les peuples ?
Tirez donc ailleurs ! Et non sur les frères des peuples de la fraternité future
Oui ! Braves soldats, le mal est bien ailleurs.

Continuez donc à tirer ailleurs, ni sur Dupont
Ni sur Samba incarné dans la sève de l'exil.

Je dis bien tirez ailleurs ! Tirez ailleurs ! Tirez ailleurs !
Ainsi l'Histoire retiendra que vous êtes Tirailleurs ante 1857
Car sans la nuit, il n'y aurait point le jour,
Sans le Noir point de Blanc

Dakar, 2009

Lettre à un grand chevalier

(Au Professeur Serigne DIOP)

I -

Grand chevalier, commandeur de l'Ordre Mondial du Citoyen Vertueux
Grand chasseur d'éthique et de civisme
Te voici sur le long chemin de l'honneur cultivé et de l'estime de soi
Quel bonheur pour moi si à l'instant mes conseils pouvaient cadencer tes pas dans cet immense champ de batailles épiques !
Où la Mort peut gagner pour laisser la Vie régner au temple de la Dignité et de l'Honneur !

Et, sous l'ombre de mes conseils et de mes prières, perlent mes larmes de civil qui ne sais manier ni une arme ni même un fouet autour des flancs d'un cheval engagé.

La seule arme à ma portée, en cet instant, est ma langue qui me sert de tambour pour accompagner tes pas dans la gloire.

Seulement, cette musique ne doit pas te faire oublier que tu es un mortel.
Car, demain succédera sans appel la musique funèbre qui cadence les couchers des soleils.
En attendant, Grand Chevalier, marche ! Encore un autre pas en avant ! Marche !

Demain, le destin s'accomplira dans cette main tendue sous les nuages verts qui vident leur lait par saison pour nourrir les vers de terre.

Prends cette main tendue, et orienté vers l'horizon vert, souhaite au monde la Vie.
Continue ton long chemin à travers les rides du temps et les rideaux de l'espace.

Sais-tu que sur cette Terre et dans l'espace, comme le vent, tout passe et repasse sans cesse ?

Il faut donc que tu te surpasses à l'image des valeureux de ta classe
Marche ! Marche toujours ! Vas !
Grand Chevalier à l'assaut des grandes causes, Vas ! Presse le pas !
Aux petits pas doivent succéder les grands pas

Marche aux pas de noblesse, le regard droit devant l'Eternel
Et tu méditeras toujours cet hymne la main sur le cœur :
« Les seuls pas qui vaillent sur la Terre
Pour l'homme qui par devoir va en guerre
Sont ceux effectués sur le chemin
Au service du genre humain.

La Vie finit, la Terre insatiable
Cette planète faite de sable
D'eaux, d'argiles, de gens pas si nets
Des hommes peuvent y être en baïonnettes.

Car, sous l'ombre des anges-lumière
Se cachent des âmes bien sorcières
Marchons ! Encore ! Encore en avant !

Regardons devant, le bel océan
Qu'est la Vie qui nous tient en éveil
Pointe un monde à l'esprit sans pareil.

A la Paix, oui, à l'Union invitons !
Mon frère, nos munitions calcinons.
Peuples, Etats, et tous solidaires
Tels les grains de sable de la Terre

Sans union demain nous périrons
Soyons Un sinon tous nous mourons ».

Même les poètes nous apprennent à compter les mots que l'on sort de la bouche.

II -

Bon soldat, face à cette aube nouvelle d'un monde éprouvant
Il faut avoir pour Demain l'espoir pétillant et rester bon soldat
Ne jamais trahir ta conscience de bon soldat devant la charge
Car, de ton Peuple de valeureux tu as reçu mandat sempiternel
Dis-toi que sous les trompettes des anges en musique
Se cachent des chauves-souris, ennemis de la République.

Ayant leurs ailes dans le brouillard qui pastille leurs sots cris
Ces hommes-souris ailés invitent tous à marcher sur la tête
Et à la moindre tempête, ils vont rejoindre dattiers et figuiers ailleurs.

Pourtant elles ignorent, ces souris au cœur chauve et aux âmes basses
Que la vie qui a du sens est dans le sacerdoce.

Toi bon soldat d'une grande Nation, objet de ta passion
Bras armé d'un grand souverain qu'est ton Peuple
Engagé pour ta République, comment vivre sans Amour ?

Toi bon soldat, comment aimer sans Raison ?
Grand chevalier, ta raison d'aimer c'est l'Humain
Pas d'amour, eh bien, point de vie !
Et tu dois vivre par l'Amour et pour les autres.

Ainsi sur toute la ligne, bon soldat tu as la Raison
Donc, l'Amour est ta cuirasse et ta tunique
Alors, plus tu marches en avant, il faut servir tout autour
Ainsi sera ta vie de Grand Chevalier.

A ton Peuple son argent et son Pouvoir
Un jour que tu mourras, vivra ton Peuple avec son argent et son Pouvoir
Contente-toi alors de ton grand cœur.
Et place ton âme sur les hauteurs
Où ta vertu de bon citoyen préservera ton bonheur et ton honneur.

Pour jouir de ce bonheur précieux qu'est l'estime de soi,
il faut éviter de le laisser aux hommes politiques d'en faire un emploi à leur guise.

Leur singularité est qu'ils arrivent à faire de ta vérité un mensonge
Et de leur mensonge ta vérité devant tes amis
Ils ont l'art de maintenir la Cité dans l'illusion et le rêve afin de lui éviter le suicide collectif.

Est-on tenté de dire que sans eux, il n'y aurait point de Cité
Ils vivent ainsi en ayant en califourchon les Pyrénées, menaçant les trônes des Dieux.
Ils promettent le paradis aux âmes crétines à la place du Dieu Créateur

Mais, ne considère jamais leurs propos comme des pétards
Car, ils peuvent loger un lion dans la peau d'un bouc charmant
Et te le présenter comme émissaire pour dévorer ensuite ton troupeau de chèvres.

Et toi, au lieu de t'attaquer au lion carnassier, tu te mets à immoler sur ton chemin tous les boucs qui portent le péché d'émissaire.

Donc, dans la société, ce sont les innocents qui, souvent, payent les crimes à la place des coupables.

Parmi les politiciens, il y en a qui amusent la galerie
Prends-les comme des fleurs dans une prairie.

Il y en a qui ont la nature de loups,
Encore que, s'il y a des agneaux aux pieds des Pyrénées, au sommet il y a des loups
Et leur bonheur commence dans les bergeries par les caresses innocentes des brebis

Considère leurs faits et gestes comme ceux de singes aux mille tours
Mais apprends-leur avec fermeté que dans la République
On doit adoration à la Morale et respect à la Loi

Prends cependant en compte leurs déclarations de circonstances
Car, ils peuvent incendier tout au point d'en périr eux-mêmes
Ainsi, il ne restera sur nos toits en fumée que les Dieux pour consoler les quelques rescapés pleurant sur leurs progénitures.

Il y en a par contre de vertueux qui méprisent les fauteuils somptueux, objet de convoitise des âmes basses.

Ô ! Ceux-là sont conscients que le temps de servir leurs semblables leur ôte tout autre temps d'en jouir avec faste
Ceux-là préfèrent la réjouissance à la jouissance.

A ceux-là tous les honneurs de la République
A ceux-là tout le mérite de vivre parmi le Peuple
A ceux-là la reconnaissance de toute la Nation
A ceux-là tous les avantages légitimes consentis au nom de l'Etat.

Quant aux autres qui passent leur temps à amuser la galerie
Ils méritent, certes, quelque considération.

Car, ce sont des fleurs dont on a besoin dans la prairie pour le décor
Ces fleurs sont en plus destinées aux oiseaux et aux papillons pour leur juste festin
Et quelques vaches pourraient ensuite y enrichir leur lait destiné aux veaux de la République.

III

Les poètes sont comme les oiseaux qui occupent les âmes sensibles qui n'apprennent qu'en musique. Ô! fleurs de la nature !

Ces fleurs ! Pas comme nos épouses, nos belles et tendres femmes qui n'ornent pas simplement la nature pour le noble plaisir de nos cœurs sensibles.

N'est-ce pas nous nous consolons-en proie aux piqures des abeilles-.
De leur miel impérissable qui nous apporte de temps en temps quelque bonheur ?
On fermerait toutes les officines de pharmacie et, à la place, décerner aux abeilles la médaille de vertu de la prévention infaillible de nos maux.

IV

La République se cherche des vertueux jusque dans les milieux misérables.
Toutes les grandeurs aux pieds d'argile dans ce Monde ne valent pas un seul esprit vertueux.
Je pense au berger de Farare, ayant le sol comme lit, le ciel étoilé comme toit.

N'ailles pas chercher la vertu chez les riches.
Leur grandeur matérielle, semble-t-il, a fini de corrompre leur cœur.
Ils rateront rarement ta tête quand tu leur souligneras humblement, pour leur bien, les vices qui les rongent.
Ils ne sont plus aptes à une société gouvernée par la vertu et l'équité.

Il est établi que pour s'enrichir, il faut s'enduire de sueur et de sang d'honnêtes gens.
Mon conseil à ces honnêtes gens appauvris par les cupides, c'est de s'attacher les services du Temps.
Qu'ils confient leur destin au Temps dont aucun riche ne peut suspendre l'œuvre.

Le destin tragique des prédateurs dominés par l'ivresse des richesses matérielles les fait ignorer que c'est dans le Temps -autre nom de la Vérité- que l'on cultive la sagesse et la vertu, c'est-à-dire le Bonheur. Leur génie propre leur a permis de rompre le contrat social qui les liait à leurs semblables.

Si tu peines à trouver un traitre dans la Cité, saute sur le cou du premier riche que tu apercevras assis sur un fauteuil en or entrain de défier les Dieux.
Car, voilà un être qui refuse de reconnaître les bienfaits de la Vertu.

La trahison est la pire des choses, car elle traduit le mensonge jusque dans la conscience et la confiance au sein de l'Etre collectif.

Fusiller un traitre qui a des pouvoirs et décapiter un cobra gouverné par l'appétit dans un poulailler sont d'égale valeur.

V

Grand chevalier, ne recherche pas les attributs, n'en fais pas un but militaire.
Attache-toi plutôt aux vertus qui, seules hissent à la grandeur militaire.

Toute société a besoin nécessairement de bons et solides remparts
Elle n'en trouvera certainement pas en dehors des vertueux.
Et l'Armée est le lieu qui symbolise le courage et la vertu .

Pour sauver la République, tu as choisi d'être à l'écart des clameurs
Tu es allé ainsi trouver ton bonheur dans le silence des casernes.
Ceci te permet de mieux entendre le bruit des pas des ennemis de la République.
Et pour les arrêter, la Grande muette doit brandir ses mitraillettes pour la paix des honnêtes gens.

Quand le bon ordre régente toute la Cité, l'Armée se fait muette, plombe ses allumettes et joue aux pétards pour le plaisir des Dieux et de la Cité.

Le bon soldat ne doit pas gouverner, car on gouverne dans la clameur
Il peut-être amené un jour à arbitrer.

Juste le temps de chercher les meilleurs perroquets pour occuper les couloirs et les salons de la République.

VI

Le riche n'a pas d'amis, il n'a que des courtisans, car dans son âme et sa conscience, n'existent que les éléments de sa fortune.
Comme sa richesse ne suffit pas à le rendre heureux, il s'entoure de vulgaires flatteurs qui préfèrent faire allégeance aux hommes à la place de Dieu et de la République.

Il n'y a pas pire qu'un flatteur qui a de l'esprit.
Il détruit l'âme de celui qu'il sert.
Grand Chevalier, tu n'es ni l'un ni l'autre, car le bonheur du bon soldat c'est l'Honneur et la Dignité.
Pour cette raison,
ne laisse pas la République confier le Pouvoir à un riche
Car, il s'en servirait comme épée pour chasser les citoyens vertueux hors de ses frontières.

Mais il est également dangereux qu'un pauvre exempt de vertu s'empare du Pouvoir
Car, il serait toujours porté à clôturer la vie de la République sur la sienne propre pour se venger d'un certain sort.

Et, il va tuer quiconque lui rappellerait son passé
Car, il n'envisage les autres que par rapport au souvenir de ce passé d'absinthe qu'il voudra effacer à tout prix de la mémoire du peuple.

De ce fait, il cherchera toujours à rendre bouffons, faute de les tuer, tous ceux qui aspirent à la consistance de l'éléphant sur Terre et du condor dans les airs.

Heureusement, le bon soldat n'est ni ce riche ni ce pauvre.
Il arbore fièrement la grandeur dans la modestie dont la Nature a exempté sans appel les riches.

Et, une telle grandeur doit t'éloigner sagement du Pouvoir politique. Sauf si ton peuple est convaincu de ta propension naturelle à être son esclave.
Sinon, laisse aux élus vaniteux leurs cours avec quelques fastes décoratifs.

VII

Tragédies et comédies ! Voilà l'univers du Pouvoir face au Peuple.
Les politiciens sont rois, car ils inspirent les lois et dictent les fins de mois
Les rois sont politiciens, car ils ont l'art de vouloir pour eux-mêmes par les autres.

Tous attirent les rires des Anges qui portent leur regard sur la Terre
Leurs gloires dans les comédies attirent aussi l'indulgence des Dieux sur leur sort dans les tragédies.

Et, le Peuple y gagne en s'évitant l'orphelinat public
Car, il faut toujours à un Peuple des gouvernants,
Car tous les êtres en groupe ont naturellement besoin d'une direction.

Cependant, ceux-ci n'inspirent aucune envie à ceux qui craignent le châtiment de Dieu et le rejet par leurs semblables.

Au Peuple donc d'implorer les Dieux de lui gratifier chaque fois de gouvernants éclairés par la Raison et la Vertu.

Ainsi, les quelques vices inévitables qui s'attachent à l'exercice du pouvoir seraient supportables aux âmes fragiles qui, autrement, en appelleraient à la révolte.

VIII

Machiavel n'avait pas écrit pour être appliqué par les chefs.
Il voulait plutôt que les ennemis comme les amis des chefs comprennent que les faveurs de ces derniers -à leurs égards- se justifient par leur volonté de demeurer éternellement monarques aux dépens du Peuple.

Ainsi, en ménageant les ennemis pour les avoir à ses côtés, le despote éclairé endormit ses amis par des promesses de lendemains meilleurs, en les invitant à toujours plus de patience.
Le planteur bénéficie difficilement de l'ombre du cocotier qu'il a planté et entretenu.

Au sommet de sa gloire que le soleil éclaire, ce cocotier envoie son ombre aux limites de son domaine.
Et, à la chute du soleil, le cocotier perd son ombre pour se retrouver dans celle de la nuit avec son planteur.
Ainsi va, le plus souvent, la vie entre le chef et ses courtisans.

IX

Bon soldat, sache que la meilleure armée du monde souffre au moins de quelques fantassins qui, de temps en temps, amusent les camps et abusent des rangs.
Sinon, on n'inventerait pas la discipline militaire comme règle Interne des Armées.

Au lieu du Pouvoir, convoite bien plutôt la Gloire par le courage et la Vertu pour mériter ton grade
Mais, impose cependant au détenteur du Pouvoir le juste respect des limites dans la République.
Accepte par ailleurs que les lois soient faites pour être violées
Sinon, on ne les aurait pas établies par nécessité.
Cette nécessité tient forcément compte de la nature humaine de ceux au nom et pour qui de telles lois auraient été établies.
Cependant, la violation de ces lois ne doit pas être un but recherché dans une Cité humaine.

Quelqu'un qui chercherait à violer les lois du Peuple devrait être partout exposé aux abois de ses concitoyens par le biais des institutions installées pour la cause.

Lorsqu'on parle de lois, on pense à nos élus pour leur proclamation et leur application.
Aux autres citoyens pour leur respect, aux poètes pour, au cas échéant, les humaniser.

Un élu du peuple qui adore les vers des poètes est naturellement un bon représentant du peuple
Car, la poésie est l'expression de beauté, donc, de générosité

X

Grand Chevalier, si tu meurs en laissant beaucoup de biens
C'est parce que tu en as trop mal acquis

Aucun bien matériel ne revient définitivement à un homme seul.
Il doit en jouir certes, mais il ne doit pas en priver d'autres.

Si un homme se croit pauvre, c'est qu'il se trompe sur la richesse.
Grand chevalier, je te le répète, la richesse n'est pas ce qu'on a, mais plutôt ce qu'on est.
Puis-je te convaincre qu'un vertueux, au lieu d'avoir de la richesse, est lui-même la richesse.

Un être humain a nécessairement des besoins à satisfaire.
Mais, en tant qu'être doué de raison, il se doit d'encadrer ses désirs qui peuvent aller au-delà des limites normales.

La poursuite des désirs peut perdre l'homme qui s'y attache.
Donc, il te faut éviter d'avoir la Chevalerie, mais reste grand chevalier.
Ne prétends jamais avoir la République, mais plutôt être un républicain.
Ne sois jamais tenté d'avoir l'Etat, mais demeure un bon citoyen au service de l'Etat.

L'Etat, la République et la Citoyenneté !
Voilà les constructions qui démontrent, à mon sens, le génie créateur des sociétés humaines à la recherche du bonheur collectif.

Seuls des hommes éclairés, ayant choisi la Vertu comme religion sont dignes de les incarner pour vouloir et décider au nom et pour les autres.
La Loi doit être l'épée impartiale pour imposer, devant ces trois mamelles des sociétés modernes, sans faiblesse coupable, le respect absolu du Corps, du Bien et de l'Âme.

Voilà, Grand Chevalier, les mots que m'inspire cette belle nature qui me couve sur ma terrasse, face à cette Cité Jakhaï.

XI

Ah ! il pleut à l'instant sur Zac-Mbao ! Ô sur toute la terre !
Le ciel est entrain de laver en grande eau la nature salie par nos mains et nos moeurs.
Quelle belle œuvre ! Mais, quel chef d'œuvre !
L'Univers est un art, tout le monde en convient.
Si c'est un bel esprit supérieur qui doit en être l'architecte
C'est bien LUI, selon Ses ateliers,
Roog-SEEN chez Calma Mbaar,
Yahwé chez Moïse,
Dieu chez Molière,
Allah chez Mohamed.

Oui ! Le Créateur de l'Univers, des races, de nos langues et de nos religions.
Les religions sont des boulevards qui mènent les hommes vers Dieu.
Et chaque peuple est un convoi où chacun occupe son siège.

XII

Grand Chevalier, puis-je encore te garder en propos ?
Profitant ainsi de cette Grâce divine, cette ondée vespérale qui aurait dû me contraindre au silence et à la méditation
Je vis aujourd'hui, donc je continue à te parler
Car, demain Dieu seul sait si ma langue pourra me servir pour te parler de la Vie, de ce que je crois être le sens de la Vie.

La Vie est un grand théâtre dans lequel il y a le quartier des beaux arts, celui des friperies et celui des canailleries.
Il faut tout le temps prier Dieu de ne pas tomber dans l'embarras du choix.
Car, chacun a le devoir naturel d'en être acteur.
Le plus important n'est pas d'y jouer son rôle.
Mais d'y accomplir son rôle à chaque fois avec art.

Il vaut mieux s'abstenir d'une œuvre sur la terre si tu ne peux obtenir des Dieux de la Nature une certification au titre de la beauté et du charme.

Que dire de ce peintre qui utiliserait un fagot de fleurs garnies d'épines, fussent-elles des roses, à la place d'un plumet pour azaler un tableau en soie destiné aux plaisirs des yeux et aux joies du cœur ?
Un tel peintre perdrait l'estime de ses pairs et fâcherait les génies qui prennent soin des étoiles qui ornent le ciel et des fleurs qui égaient la terre.

Il faut toujours t'armer de l'estime de soi afin d'éviter d'être peint comme pantin au milieu de tes semblables.
La valeur humaine ne doit pas être évaluée à partir de ce qu'on a, mais plutôt de ce qu'on est.
La vraie valeur de l'être humain, loin d'être matérielle, est plutôt morale et spirituelle.

Nous sommes tous des êtres à côté des animaux tels les serpents, les vers et les fourmis.
Nous peinons cependant à devenir humains pour la différence avec ceux-Là, et à le demeurer.
Je veux dire ici simplement des êtres bons, c'est-à-dire vertueux.

XIII

L'homme a toujours rêvé du paradis situé dans le Ciel.
Encore que les plus grandes merveilles qui rappellent l'Eden se situent aux fonds des forêts et des eaux.
Et, il entretient ce rêve dans sa conscience comme cet enfant tenant un bonbon sucré insoluble dans sa bouche.
Il croit qu'en mourant, il sera enseveli dans cette conscience qui abrite un tel paradis.

Au-lieu de chercher à nous donner bonne conscience en toutes choses, l'essentiel n'est-il pas de demeurer dans la conscience humaine que la Nature nous a dotée ?

Grand Chevalier, tant que tu es en vie, il faut marcher vers les sommets Car, le Ciel - siège du Paradis tant convoité par les mortels - n'est que le symbole de l'élévation des grandes âmes.

Si tu veux monter avec ton valeureux cheval en hauteur sur la Terre, évite-lui de baisser la tête pour brouter les herbes corrompues par le sang des bagnards leur ayant servi de compost.

A force d'y porter même ton regard, tu finiras par douter de toi-même et l'estime de soi-même risque d'en pâtir.

L'homme passe tout son temps à convoiter le Paradis.
Mais, il se garde tout de même de convoquer la Mort, seule voie pour y accéder.
Cette sentence sans appel qu'est la Mort, le frappe sans lui donner le temps d'interroger sa conscience s'il sera ou non admis à la Félicité du Grand Juge de nos âmes.

Grand chevalier, dès que ton cheval te portera à destination,
Alors que tu t'assureras de pouvoir te souvenir souvent de mes propos, je te permets de brûler cette lettre dans le premier fourneau ardent qu'on te présentera pour te tirer du froid de mes propos.
Et vivons tous cependant dans la chaleur de l'Esprit Supérieur qui nous gouverne dans Son Silence.

ZAC - Mbao, le 10 novembre 2010

Mon Dieu !

Mon Dieu !
On m'a dit qu'au début, n'existait pas la Terre.
Alors sans Terre
où vivaient alors l' Homme et les animaux ?
Car, sans la Terre,
Il n'y aurait donc ni nourriture ni tombeaux.
Donc, sans la Terre
Tous les êtres étaient chez Dieu-Le- Père.

Mon Dieu !
On m'a dit qu'à l'origine, point de ciel.
Bon ! point de ciel ?
Alors où étaient donc accrochés tous les astres ?
Ah ! sans le ciel
Leur chute sur nous serait un très grand désastre.
C'est démentiel !
Les astres étaient dans le Sein Providentiel.

Mon Dieu !
On m'a dit qu'avant, point de nuit ni aussi de jour.
Ni jour ni nuit !
Alors où étaient donc la lune et le chaud soleil ?
On m'a instruit :
La lune la nuit, le soleil le jour, au réveil.
On m'a alors dit
Que le Temps faisait dans l'Univers un seul Tour.

Mon Dieu !
On m'a dit qu'à l'origine il n'y avait pas vent.
Auparavant
Qu'est-ce qui portait donc les nuages dans l'espace ?
Car, sans le vent
Rien ne bougerait au ciel qui sert Dieu de face.
Comme un enfant
Tout bougeait dans Son Sein bien auparavant.

Mon Dieu !
On m'a dit qu'à l'origine tout était Bon.
Nous demandons
Si donc un esprit pouvait y vivre sans culte ?
Nous concédons
Qu'Il ne pouvait y avoir de mauvais qui en résulte.
Mais constatons :
Le haut sacre fait à l'Homme engendra un Démon.

Mon Dieu !
On m'a dit que l'Homme devait vivre sans fin.
Très Bon Créateur !
Alors pourquoi ce chef-d'œuvre devint-il mortel ?
Le Temps, bon tueur
Ne le rate point pour le manger à son autel.
Mauvais pasteur !
Le Démon l'avait entraîné à manger sans faim.

Mon Dieu !
Pour la discorde, du sol Dieu germa la pomme
Depuis ce temps
Dieu fit payer à tous la liberté de Mère Eve.
En ce moment,
Y méditant
Tous les péchés hérités en sont bien la somme.

Mon Dieu !
On m'a dit qu'à l'origine l'Homme est né libre.
Libre si comme !
J'ai demandé où étaient donc Satan et la Femme ?
Bonne somme :
Satan dans la Femme, dans les côtes de l'Homme.
Le ver en pomme !
Donc, Satan était déjà alors dans la Pomme, ivre !

Mon Dieu !
On m'a dit que tous les hommes sont créés égaux
Avec quel mètre ?
J'ai demandé si c'est selon Dieu le Créateur
Seul baromètre
Car, rien sur Terre ne consacre un tel facteur
Disons peut-être.
C'est devant la Vie et la Mort qu'ils sont tous égaux.

Mon Dieu !
On m'a dit que selon tous les Prophètes passés,
Ici ou ailleurs
La vie des choses, des êtres tient à un fil
Pour le bonheur :
C'est croire en Dieu et faire sur Terre œuvre utile

Mon DIEU !
Avec âme et cœur ?
Car, dans les Cieux tous les actes sont bien classés.

Dakar, le 22 janvier 2014

Des mots à Racine

(Au Professeur Abdoulaye Racine SENGHOR)

Racine de ma Race aux racines augustes,
De ma race aux grimaces du veilleur couché sur le parvis d'une Afrique aux mythes rongés par les mites voraces et barbares.

Racine, je ne sais pas écrire !
Mais je pose ma plume entre le sourire et le rire, entre la nuit et le jour
Où je dois parler du Sine des racines où je dépose ma dîme animiste.

Ma parole est mon bic, ma culture me sert d'encre basanée des salives initiatiques des hommes pontifiés de ma Race,
Race offerte en holocauste sur l'autel de rapaces.
D'une autre Race sous les larmes ensanglantées de l'Afrique-mère
Ô Mère de toutes Races ! Racine de la race humaine en cinq doigts d'une main unifiée.

Et, je me trempe dans les nuits, et me contemplent les étoiles entre les nuages passants
Et j'immerge dans le Sine mon Jourdain.
Que Senghor m'en-Racine sous l'ombre des palétuviers aux racines salées !
Entre le Sine et le Saloum sous les nuages bondés au-dessus de Sangamar.

Me vient la voix excitée du tamtam de Doudou Ngawlème surexcité
La voix du tamtam sublimant les lingots de sels
Au clair de lune, taraudant les tanns pour y extraire en guirlandes
les étincelles.
Etincelles irradiant les torses salés de nos femmes de Ndiémou, ivres du serment de la Vie.

Ouah ! Je voyais des trâlées de chameaux partant de l'Adrar à Ndiémou, massacrant nos peurs dans la poussière
Pour venir peupler comme des dunes les rives du Sine

Ouah ! Je suis fils d'un fleuve -le Sénégal- eux, fils d'un désert
Où les gouttes de sueur des pélicans de Ndioum en partance pour le grand Nil se posent en oasis.
Et, pourtant je serais mandé du nord où je révai d'un long serpent noir en parturition, de géantes calebasses voguant sur son corps ruisselant de sueur.
Aujourd'hui, je m'en souviens : le Nil !
Je suis enfant du feu : Nar ! Je suis Maure ? Peut-être Berbère, Dravidien !

Avec ses serpent qui couvaient les nuits de ma tendre enfance
Incarné au crépuscule aux entrailles de Yandé Ngom
Visage aux étoiles éteintes au contact de la braise de mon éclosion dans le creux du baobab
Et j'étais venu, flanqué comme Soundjatta Keita du bâton du pâtre.
Au milieu du nymphée qui désaltérait mes visions aux zéniths des nuits.
Mais Nar, défié, mît sous étriers mon pied gauche
Pour ne pas être le héros de Mame Sira, la convoiteuse malvenue du sud comme une mage.

Racine, je n'écris pas ! je parle ; je dis des mots telles des gouttes d'encre.
Je ne sais comment écrire pour mon peuple.
Sinon laisser perler mes larmes mêlées à mes salives sur le pagne tout de lait de Farare
Mais, je sens et je sais parler des mots pour Senghor sous les racines.
Et mes paroles chauffent les ailes des hirondelles aux flancs des orages mâles qui draguent ma terre à l'aube fertile.

Suis-je une caille qui roucoule dans ce monde en boule où tout roule dans l'espace et s'écroule sous le temps ?
Je suis ce que je suis, je cherche l'écho de mes chants dans les bas-fonds d'une Afrique mal réveillée.

Dans mon cœur je sens le sifflement du tam-tam de mon Afrique profonde qui cherche sa voix dans sa voie au nom de sa foi.
Et comme la rosée à l'aube sur les feuilles, perle ma sueur avec candeur

sur mes doigts en anneaux dociles, ma passion de dire mes maux par des mots à moi.

Mes maux je les sens nègres-sérères, charriés par les torrents sévères d'un monde qui vacille qui bascule.
Et les mots pour les nommer sont barbares : vapeurs ! Brouillard ! Odeurs de mort ! Sueurs d'outre-tombe !
Des mots de ma bouche paysanne, des mots sur mes maux à user des mots métissés

Je parle en français, mais je ne suis pas Français, mon nom est SENE
Et mon sang n'est pas soluble dans les eaux de la Seine
Trempez-moi dans les eaux salées du Sine et du Saloum.

Couchez-moi au fond de Sangamar, entre les racines des mangroves.
Eaux de sel, gouttes de sueur des Morts !
Gouttes de lueurs des enfants caressant le visage bleu de l'aube sur les genoux de SENGHOR.

Racine ! Et...SENGHOR ? Veux-tu donc que je nomme l'éléphant qui, d'outre-tombe, barrit et asperge de sa trompe les prairies sous-marines ?
SENGHOR-O-Koor-Gnilane ! Ô baobab pharaonique debout au Bel Air où sa tendre racine fut brutalement anticipée dans la nuit du silence éternel
Et, le lion Noir à la crinière Blanche rugissait de Normandie
Comme pour dire : « Philippe ! Philippe ! Lemasabachtani » ?
Avant de confesser sa faiblesse au Mystère au milieu de cette forêt humaine tristement de masques
Toutes têtes baissées toutes bouches édentées !

Ah ! Masques animés drus en plein Air, à la tempe de Dakar
Et, la Vie continua dans la Mort en retraite spirituelle.
Pour pardonner, oui ! Pour se re-créer sous les brises et les alizés
Qui tuent les haines de l'harmattan, ce souffre que souffle Satan dans nos cœurs solitaires !

Et après ! Bien après ! SEDAR-O-KOOR-GNILANE se planta en racine en plein Air.
Ô grand cœur que seuls l'Honneur et la Dignité sucent mais n'usent !
Racine qu'aucun feu ne calcine, qu'aucun vent ne déracine ni termite ne rapine.
Et, ses poumons toujours verts ouverts aux « vents fécondants » rafraichis par les brises croisées du Nord-Sud-Ouest, salivant les pélicans venus de l'Est les ailes tendues à l'amitié.
Au-dessus de Gorée car, finie ! Pensais-je, finie la haine entre Races !
A peine ! Mais, à peine, Racine !

Car voici, tout au tour, sur la surface de la Terre-Nouvelle
des colonnes d'une nouvelle race de rapaces qui tentent de remplacer les mains chaleureuses par la furie de leurs ailes d'acier.
Sciant avec une nouvelle « science sans conscience » les branches de cette nouvelle généalogie des peuples fraternisés
Autour des cendres d'incinération des chaînes et des chars et des canons devant l'autel des confessions pour la Paix et l'Amour.

Racine ! Mais Racine ! Un mot à toi pour elle, cette nouvelle race : Il faut arrêter ! Il est déjà presque tard pour Demain un Monde de Paix et d'Amour. Demain seulement : HARMAGUEDON !

Dakar, le 20 octobre 2014

Un coin de vie

(A Aliou FAYE)

Mille neuf-cent-quatre-vingt-deux, mille neuf-cent-quatre-vingt-six : cinq ans !
Cinq ans ! oui, de symbiose dans ce Grand-Dakar, loin des palabres paysannes
Là où nos rêves se métissaient avec les étoiles au gré des nuages incubateurs.
Nos éclats de rires candides diluant nos angoisses dans le vent fugitif
Qui nous laissait l'air brisé du soir dans nos poumons torturés par des journées de plomb.

Ton regard - ô sage ! Jeune au portail de l'Administration,
fraîchement mandé au rôle !
Dans les paperasses qui bruissaient comme du feuillage mort sous le vent d'automne
Et qui aiguisaient ton appétit printanier sur les ruches du Savoir et du Devoir
Esprit affable au parfum de sourire paysan !
Tu épiais mon innocence dans mes fougues prématurément universitaires
Immense ton cœur sans rancœur dans le labeur
Larges tes épaules humaines où étouffaient tes soucis pour moi
petit canot au milieu des récifs au large de l'Université
Où brises et bises nacraient les bourgeons dans les ruches sous la rosée.
Et, l'écho de mon désir de savoir se perdait dans l'abîme de l'incertitude
Dans la solitude de mes rêves ! Dans la lassitude de rêves !
C'était la nuit ! Ce rideau qui masque aux lumières les fleurs en quête de rayon lustral
Fleurs qui éclosent aux petits matins avec de larges sourires aux abeilles
Mes nuits faisaient germer mes rêves ronds comme des œufs promis à la basse-cour
Les nuits imbibaient nos sommeils d'espoirs sur le temps qui vient,
mais qui passe.

Ma tête aujourd'hui a poussé des souvenirs qui ont blanchi avec mes cheveux
Et mes cheveux blancs ont mûri des mots lugubres qui risquent de hanter les oreilles des barbares sous nos chaumières.
Quelques mots en amont du jour, trempés dans mon sang mon encre
Aliou ! Aujourd'hui que je me souvienne.

L'épi ploie sous le vent aux chuchotements des papillons qui le coiffent poreusement de leurs ailes. Mais, doucereusement !
Les mots éclosent de ma bouche, aujourd'hui que je me rappelle !
Qui sait demain si le temps va décharger les Morts à la berge pour arracher nos trompettes pour leur oraison ?

Parler de la Mort, c'est vivre ! Et parler de la Vie, c'est mourir !
Je parle de la Vie et de la Mort ! Toi l'initié, oh ! Aliou me comprends-tu ?
Aimer, c'est comprendre ! Et tu m'as compris comme jadis aimé
Ma main dans ta main comme acier tonifié

Ecoute-moi ! Et ma voix dans le vent de minuit qui réveille les mystères
Mon langage est d'outre-tombe ! Et j'anime les objets et les êtres par de-là le sommeil

Harmaguédon ! Harmaguédon ! « veillez »! et, « observez les signes » !
Car, «nul ne sait le Jour » sauf le Temps.
Ô Temps ! terreur au sommet des Pyrénées, vérité dans nos chaumières !
Ni toi, ni moi, car nous flottons dans ce Monde
comme des feuilles aux vents de minuit

Peut-être ! les hiboux qui lavent leurs plumages et leurs gros yeux dans la lune en calebasse inclinée
Peut-être ! nos rêves qui font leur bain rituel dans les étoiles
Fleurs des anges qui s'éteignent au rythme des souffles
qui quittent nos demeures en comètes

Ces niches qui couvent les pollens de nos âmes en transfiguration
A travers les cavernes du sommeil

initiant nos corps à la fonte et nos âmes à la grande migration
Au fond du Temps, dans l'abîme de l'infini
Sous les ténèbres masquant de leurs baves blanches les pétales qui font épis aux abeilles embastillées.

Mais mon regard nocturne t'avait vu surgir de la bouche de « *mbounga* » l'étoile qui fend de ses longs sourires lumineux la voûte boréale d'un ciel brumeux de poussière au-dessus de la Terre

Des mots ? Oui, les mots sur l'aube de ma jeunesse sont lugubres comme les hululements du hibou la nuit.
Je ne suis pas un hibou, mais une cigale debout sur la terre pleine à l'heure de minuit
Où je veux bâtir ma chaumière pour vivre mes misères et dire mes prières par des chants

Comme l'écriture m'est barbare, juste des mots d'un coin de 1974
Tenez ! Mille-neuf-cent-soixante-quatorze !
J'ai surpris mon âme une nuit sur une draille dans les vapeurs des vagues domptées par mon chant liturgique à Sangamar.
Et, Dann-Ti, en lutteur, vînt vers moi, l'oeil torve, la rage à la poitrine, et me lança :
« C'est bien toi qui maltraitait Ara mon frère, lors de notre séjour au Monde » ?
Et mon chant liturgique pour Sangamar me sauva des muscles bandés du lutteur aux gestes endiablés
Tout autour, que des hommes! Et les hommes seulement.
En valets courtisant à coups de van le Bour-Sangamar majestueusement !
Majestueusement sur le trône, sous l'arbre au feuillage embaumé de brises et de rosée
Et les sirènes au fond des eaux ? Ô femmes qui tenaient en ce moment les foyers chauds sous les vagues !
Dans le lit des eaux lustrées par les regards pétillants des Dieux
Avais-je donc franchi la Vie
jeune élève à la promesse d'une fleur femelle ?
Et, je me rappelle ! Jadis, Mame Ganoud-Ndéla.

Il avait conjuré le mal précoce de mon âme encore tendre pour la fantaisie des voyages funèbres
Tant les nuits j'étais en fantasme cosmique avec les esprits mandés pour la migration par delà le visible.

Cette nuit, me voici à Sangamar tel un poussin sorti de sa coquille
dans une basse-cour ombragée par des éperviers en guirlandes.
Et prisonnier, je chantai Sangamar lorsque mon âme glissa entre les flots de l'espace
Et alla franchir en héros le portail de la Mission catholique de Ndiébel où mon corps s'assoupissait.

Oui ! Mon âme s'était évadée de Sangamar
où la clarté dans l'espace me rappelait les clairs de lune de Farare aux heures des « *mbappatt* »
Et pourtant, le ciel nocturne était sans astre,
là-bas sur les rives de Sangamar
où ma silhouette ombrageait le sol lacté
Mon âme avait migré de Ndiébel aux entrailles de Sangamar
où j'entendais des chants lyriques des « *ndiéguémars* »
au fond des eaux

C'était entre le « Au lit !» de Monsieur Gré
et le « Réveillez-vous ! » de Pascal Bakhoum aux sons de la cloche de Saint-Joseph de Ndiébel
Oui ! Mon âme s'en était allée se purifier dans les eaux sacrées de mes Ancêtres
De la lignée *Sosse* en cordon ombilical avec *Janiw* : *Sangamar*-l'Au-Delà !
Royaume aquatique où mon père Singue Sène m'a devancé
en compagnie du Bour-Sine Maye-O-Koor Diouf de Diakhao
Diakhao aujourd'hui sous les cendres froides de l'oubli
et de l'insouciance de ma race
hier turlupinée par une civilisation barbare qui prêcha le gros mensonge que « Dieu est Blanc, le Satan est Noir » !
Sapristi ! Ignorants ! Tenez bien : tous les sangs ne sont-ils pas rouges ?
Et tous les laits blancs ?

Suis-je ignorant ?
Non ! et vous ?
Tenez bien : tous les Saints ne sont-ils pas humains ?
Et leurs messages divins ?
Sans la nuit, que seraient la lune et les étoiles ?
Et, les comètes seraient muettes
Et pullulèrent ainsi les chouettes dans nos chaumières paysannes

La Nature a peint nos murs de ses goûts et de ses couleurs
Cherchait- on ma réplique à l'attitude révoltante de mes frères Blancs ?
De mes frères Noirs retournés binés dans le machinisme de la pensée gelée dans la neige des cœurs blancs ?

Ils imploraient pourtant dans leurs cathédrales hautes
et hautaines des rayons chauds que j'avais déjà telle une crue du Nil dans nos bois sacrés ?
Se moquait-on de Dieu en tuant des enfants de la race Noire
comme le renard blanc des coqs au péché de cocorico à midi ?
Alors que Dieu dans la nuit de ses mystères épand la neige
et le froid sur les ours et les renards en Alaska
Le soleil et la lune sur nos pâturages
et nos chaumières humainement noirs entre Walalane et Bilé-Bil.

Mais, Aliou, pardonnons aujourd'hui, « car ils ne savaient pas… » ! Et qu'il y avait le brouillard en cette aube où la bonne foi faisait bonne loi.

Au versant de la Vie où tout culmine chaque jour avec les soleils
qui éteignent leurs ardeurs dans l'abîme entre le Ciel et la Terre

Nos rêves et nos espoirs plongent leurs racines dans les nuages nomades qui creusent leurs tombes dans l'infini où échoue le temps qui nourrit nos vies de charmes et de larmes.

Sur la Terre tout passe et repasse sauf le vent qui efface nos traces
Même moi ! L'effluve mystique de *Nar*.
Donc je vous confie mon testament : « sonnez le tamtam ce mardi-là, oui ! mardi - ô Aliou, je dis : vous ! Toi et *Nar* !

Je veux ma tombe bâtie au rythme des tam-tams
et des gouttes de pluie, dans la fraîcheur des berges de Sangamar
Et, ma tête tournée à l'est,
la main droite sur ma poitrine ardente
Ma main gauche sous les racines salées des palétuviers qui irriguent les âmes en sommeil dans le mystère.
Et vous redirez à Ayou Diouf
Ma-Aïe-Satou ! mon dromadaire de tant d'années dans le kalahari : de pardonner mes faiblesses humaines !

Dakar, 2007

Il neige sur la France !

(Au Professeur Abdoulaye Racine Senghor, bloqué à l'aéroport)

Cette blancheur inhospitalière sur la France
Se trompe sur le poète captif
Qui s'inquiète de la souffrance de tant de sans abris

A qui ce vaste ciel refuse ses rayons de soleil
Et qui ont comme lit la terre que la neige ôte toute chaleur
En eux tous, le poète s'oublie, oublie le soleil natal

Dans sa quête de bonheur pour les damnés de la Terre
Et d'un souffle chaud des vents du Sud
Sur cette peau blanchie au visage de soufre

Où les souffles se muent en fumées de cratère buccal
Dans les rues désertes de Paris
Où l'oiseau en acier en partance pour Dakar
Voit ses ailes plombées au sol

Au moment où le Sénégal languit son poète
Dans sa chaleur humaine.

Que l'horizon accouche le soleil sur la France !
Pour que les oiseaux retrouvent dans l'Air la Liberté
Pour qu'entre ciel et terre brille la Fraternité
Pour que Sortir ou Rester soit d'Egalité.

Dakar, 09 Février 2018

…Et, me voilà!

(Au vieux Ngor-a-Niao SARR de Ndoffène, pieusement)

Une goutte de rosée à l'aube caressa la feuille
Un vent brisé sur le bourgeon frissonna
Une abeille sur le pollen aspira le nectar
Un tison éructa et zébra la ruche qui dégoulina de cire
Un vent perça les nuées et oscilla la lame de feu
Un souffle ! un cri ! puis une lame fissura la coquille de la nuit

Et me voilà ! Me voilà, dans le drap de l'aube!
O! Farare, terre ma bien-aimée

Et mon amour agreste à toi, ma terre-mère !
Et, par-delà l'été, le vent d'hiver souffla déjà
Et moussa tes cheveux sur ton torse tout en sueur
Et toi, ô terre, mon épouse aux charmes candides !

Je te draguais dans ta patience câline au creux de l'automne
Et il se fît un signe dans les rayons printaniers du soleil
Et comme la Terre tourne, le Temps accouche les saisons
Et comme les soleils se couchent à son lit, le ciel accouche les étoiles
Et toi, Terre, ô mère ! Tu pris mes baisers tendres comme le pré les fleurs humectées de rosée aux pas de l'aube.

Et j'abusais à dessein de ton sein fertile, de ton cœur rose
Et mon hilaire scia l'air et laboura ton ventre comme le sexe viril du taureau la génisse patiente
Et moi, tout en sueur, mon cœur salivant, mes yeux envoûtés,
Et ma nuque tirée vers mes talons
Comme pour téter un nuage au-dessus de ton lit vert
Et des gouttes de sang incolore jaillirent de tes entrailles
sous les éclairs irradiant le ciel montagneux
Et commença la création :

Le souffle du vent sur le courant
Et la valse des nuages en rage

Et le sang de tes veines pleines
Et la chaleur de ton ventre épicentre
Et le regard de la lune sur la dune
Et les odeurs sauvages des fleurs
Et les frissons des viscères dans le mystère
Et les coqs chantèrent la Vie en concert.
Et me voilà ! avec des gestes de ver
Et me voilà ! guenille, avec des mouvements de chenille
Et me voilà ! papillon tétant déjà les douces mamelles des fleurs
en goupillons qui me languissaient dans la nuit
Et me voilà ! en chair et en ailes avec une bouche qui happe gloutonne
la vie
Et un cri ! oui ! mais, pas de pleurs.

Aucune larme, mais seulement un cri
Et pas de dents encore pour rire ou sourire sous le vent
Et caetera, et caetera !
Et, après le temps sous ton sein, ôte-moi mes ailes
avant qu'un vent barbare ampli de mirages et de commérages ne soulève
mon corps
Et ne tire mon cœur encore tendre vers les couronnes en cire au-dessus
des braises

Et je veux m'enraciner comme Samba-Laladji et Mayou-yéguiram
Et plonger mon feuillage dans l'Espace et dans le Temps
Et offrir ma sève comme vin aux objets et aux êtres
Et mes feuilles comme pain aux troupeaux qui me feront pasteur
Et mon écorce comme hostie aux fourmis laborieuses
Et mes racines gorgées d'eau pour désaltérer l'âme de mes Aïeux dans
leur silence mystique

Et que ma terre me donne les forces pour résister
Et aux vents pernicieux
Et aux ouragans qui brisent nos frontières
Et dans un univers en hystérie collective, en ivresse destructrice

Et me voilà ! terre-mère ; ô Farare ! que mes cheveux prématurément blancs restent blancs dans les tempêtes qui m'agacent
Et passent,
le temps que leur ivresse cesse avant ma vieillesse.

Et, j'ai enjambé les âges lorsque j'offris mon pied en bois à Yandé Ngom Ma mère médusée, muette comme une stèle d'ébène
Et, j'ai marché comme eux, ah !
Comme eux ! sur mon Sine à l'appel d'une vie nouvelle
Et, tout le sol de Fatick dressa sa crinière frisée au passage de mon ombre
Et, je vainquis le temps de mon enfance
Pour tracer mon empire viril !
Et, tout le monde se taisait ! Wagane Sène ! Charles Samba Tine… !
Et, tous se taisent encore aujourd'hui
Et murmurent ailleurs et sous mon oreille : silence !

Chapeau à un Amiral

(A l'Amiral Ousmane SALL)

Mon Amiral
Moi, commis du Médiateur d'une cause d'urgence sociale
A m'agenouiller suant comme un caporal attrait à l'instruction
Et devant votre taille à confondre à la République selon la fonction
Mon souci de civil fût, dès lors, d'éviter une bourde colossale
Mon Amiral
Ils étaient sept surgis des fonds marins à l'assaut d'un avenir
Où, leur semblait-il, « Economie et Finances » rime avec aisance
Espérant mieux fleurir dans la République après l'automne,
Ignorant que tous les bourgeons n'éclosent pas au printemps
Mon Amiral
Faut-il dire que tout n'est pas rose et libre comme ma prose
Car, même la rose porte des épines pour faire mériter par doses
aux papillons le parfum de son pollen.
Et, ils étaient sept à bourdonner dans nos consciences avec pénitence
Mon Amiral
Dussé-je m'abîmer le visage outre mesure pour obtenir votre oreille ?
Non ! Tel que le Médiateur, au rôle, m'avait briffé, vous connaissant
dans les nobles mais difficiles charges, non complaisant et bien rompu
au sacerdoce

Mon Amiral
Bien que mon temps de civil ne fût pas celui du militaire
Surtout de haut rang ! le sens de l'écoute gouvernât notre séance
Ainsi, en moi, toute crispation et tracs furent mis à carreau
Mais, après exposé, il me fallût à propos un cerveau de greffier
Mon Amiral
Ils furent sept ! et la cause, à propos, fut bien noble
Suffisant à vos yeux verts pour récuser toute sanction
Qui, bien naturellement, serait requise de l'infraction
Mais, vous versiez au sujet la pédagogie comme méthode
Mon Amiral
M'écoutant sur mon dossier avec la sagesse raffinée

Du militaire de haut rang, vous me teniez à l'éloquence
Que l'Armée est davantage esprit qu'un arsenal d'armes
Dont le but ne serait d'avoir raison en tout pour l'Etat
Mon Amiral
Vous confirmiez que sans les hommes qui l'animent,
l'Etat reste fiction et artifice
Et les vertus cardinales doivent y être telles qu'un homme
accompli puisse se dire, selon : « On peut, moi non ! »,
« On ne veut pas, moi si ! »
Mon Amiral
A Dial Diop, la tenue me fait dire que la grandeur de l'homme
se nourrit de magnanimité, vertu utile aux charges de la République
dont, pour sa providence, la société le charge administrateur
Et qui fait de lui un repère de bon éducateur de la citoyenneté
Mon Amiral
Vous faisiez tenir aux sept par moi que la plus flatteuse espérance
peut nous abuser une matinée dans une illusion de bonheur
Au moment où la raison et le bon sens invitent à la tempérance
Cependant que quelque pouvoir indigeste exposerait un esprit à sa carence
Mon Amiral
Me faisant le devoir de vous tirer mon chapeau d'un geste paysan
Je me suis demandé ce que vaudrait une loi de rigueur impériale
sans les vertus grâce auxquelles un bel esprit ne pourrait user de l'équité
Afin de s'éviter des victoires sans gloire en société humaine
Mon Amiral
En faisant, après mes adieux à cette Médiature, auguste trouvaille des systèmes contemporains
Mon esprit s'arc-boutât à la nécessité de tenir la société sur deux pieux :
La Justice et l'Equité.
Et, s'il ya un atelier à leur charpente, c'est bien ce bâtiment gothique
Silo de tant de services rendus à mon peuple, et où on fait honneur à Dieu.

Dakar, 2016

La ronde des jours

Du sommet de la dune, l'aurore boréale !
Et toute la Nature promet la vie idéale
Sans bruit l'ombre de la nuit fuyant toujours
Dès le matin les clartés vertueuses des jours

Et chaque soir le jour se dilue en l'horizon
Dans les ténèbres envahissant nos maisons
C'est la ronde des jours emplis de couleurs
Avec les fleurs fallacieuses et sans chaleur

Malgré les couleurs le jour n'est ni blanc ni noir
Et il perd sa clarté avec le soleil le soir
Nos sommeils nous évitent de vivre la peur
Et nous avirenons les fonds en vapeur

De notre conscience comme des planches
Rompues d'un navire qui périt en avalanches
Et à l'aube nous sautons des lits naufragés
Pour nager vers les bas paysages ombragés

Cherchant partout comme des ratons des pitances
Car nos vies, nos périls sont liés aux circonstances
Et Dieu, de son Très Haut, nous tient ainsi en haleine
De jour comme de nuit, nous valant notre peine.

Et, tremblant, nous parlons en bien de Dieu par crainte
Mais nos pensées, nos actes sont une complainte
Que nous tenons bien voilée dans le paraître
Comme le ferait aussi avec son ami un traitre.

Et quand la nuit nous apporte le remède à nos maux
Nous nous empressons du jour pour vivre en animaux
En allant brouter dans les prés frais de la gent
En foulant aux pieds ce que la vertu régente

On ne sait pas sans doute qu'en dormant la nuit
Avec son ombre diaphane qui nous poursuit
Nous empruntons bien le chemin de notre tombe
Laissant au grand jour nos faits en hécatombe

14 Avril 2018

Table des matières

Mon enfant, allons en balade pour rimer
Pour faire la ballade ensemble dans le champ.
Guide ton cheval, le semoir en chantant,
Je bénirai les graines, car l'art doit primer
Pour l'œuvre utile comme on voit à l'horizon
La pluie venant arroser les terres fertiles.
Comme notre champ attend les bras utiles,
Faisons ainsi la ballade en cette saison.
Semant le matin, le poète récolte le soir,
Pour écrire un poème, il se sert d'un carnet
Comme toi d'une main maniant bride et cornet
L'autre guidant la jument, aussi le semoir…

Mbaye
SENE
Baye Moussou

L'Auteur

Mbaye SENE (Baye Moussou) est un poète Sénégalais, né à Farare, au cœur de la Région du Sine (Fatick). Il est particulièrement attaché à son terroir et à ses valeurs culturelles. Juriste de formation, il écrit des poèmes, appréciés et publiés, depuis l'école primaire.

Printed by Books on Demand GmbH, Norderstedt / Germany